कंवारे सजदे

कुंवर नाज़ुक

कंवारे सजदे

ग़ज़ल

कुंवर नाज़ुक

अंजुमन प्रकाशन

Title : Kunware Sajde
Author : Kunwar Nazuk

Published By-
Anjuman Prakashan
942, Mutthiganj, Prayagraj, 211003
www.anjumanpublication.com
anjumanprakashan@gmail.com

Printed and bound in India.
Hardcover, First published by Anjuman Prakashan in 2022
ISBN : 978-93-91531-87-4
Copyright © 2022 Kunwar Nazuk
Printing rights reserved : Anjuman Prakashan 2022
Cover & Typeset by Anjuman Prakashan

Price in india: 200/-

The author asserts the moral right to be identified as the author of this work

This book is a work of Poetry. Names, characters, places, and incidents are the product of the author's imagination. Any resemblance to actual persons, living or dead, events, or locales is entirely coincidental.

All rights reserved. No part of this book may be reproduced or transmitted in any form or by any means, electronic or mechanical, and including photocopying, recording, or by any information storage and retrieval system, without the written permission of the Publisher, except where permitted by law.

समर्पण

माता-पिता जी को समर्पित, जिन्होंने मुझे एक बेहतर इंसान बनाने का सपना देखा था।

विशेष समर्पण

माया कुमारी को (मेरी माँ के जीवित रहते जिससे मुझे प्रेम हुआ।)

भूमिका
तुम इक रोज़ बदल जाओगे...

डॉ. कविता नंदन द्वारा लिखी गई भूमिका

नाज़ुक की शायरी में रुमानियत है। जैसा कि संग्रह के नाम को पढ़ते ही आपको एक अंदाज़ा लग जाएगा इनके तखल्लुस की तरह ही इनकी पहली किताब भी मुहब्बत के रुमानी लहज़े में पेश हो रही है। मुहब्बत का मिजाज़ नाज़ुक ही होता है। ग़ज़ल, मुहब्बत और नाज़ुक इनका आपस में रिश्ता बहुत गहरा है। ज़्यादातर शायर अपनी जवानी के दिनों में शायरी की शुरूआत मुहब्बत से ही करते हैं। नाज़ुक के साथ भी ऐसा ही हुआ है।

मैं 'वक़्त की आवाज़' का संपादन कर रहा था, उसी दौरान मेरे संपर्क में नाज़ुक आए। मैंने इनकी कविताएँ और ग़ज़लों को पढ़ा और रुमानियत का यह अंदाज़ मुझे दोनों विधाओं में दिखाई दिया। मैंने इनकी ग़ज़लों को उसमें शामिल किया है। पिछले कुछ अरसे से मैं इनकी कविताओं को गंभीर होते हुए देख रहा हूँ। इनकी कविताओं में अपने वक़्त को पहचानने की क़ाबीलियत दिखाई देती है लेकिन ग़ज़लों में यह सज्दे मुहब्बत के नाम हैं। इसीलिए मैं इन्हें आज रुमानी ग़ज़लों का शायर कहना पसंद करूँगा। दुनिया भर में मुहब्बत के लिए ग़ज़लें कही जाती रही हैं और कही जाती रहेंगी क्योंकि नाज़ुकमिजाज़ मुहब्बत को पेश करने का अगर सबसे ख़ूबसूरत कोई अंदाज़ है तो वह ग़ज़ल ही है।

जहाँ तक मेरा अंदाज़ा है वक़्त के साथ-साथ नाज़ुक की शायरी का अंदाज़ बदलेगा उम्र और तजुर्बे की ऊँचाई पर पहुँचते-पहुँचते उनकी शायरी से यह रुमानियत ख़त्म होने लगेगी क्योंकि इनकी कविताओं में वक़्त का वह असर मैंने देख लिया है जो इन्हें अपना अंदाज़ बदलने पर मज़बूर कर देगा। किसी शायर को ज़िंदगी कैसे तैयार करती है उसे समझने के लिए नाज़ुक को पढ़ना चाहिए। मुझे उम्मीद है कि रुमानियत की हसीन वादियों में मुहब्बत की कशिश के साथ ही ख़लिश को महसूस करने वाले नौजवान दोस्तों और ग़ज़ल में रुमानी अंदाज़ के चाहने वालों को 'कंवारे सज्दे' ज़रूर पसंद आएगा।

डॉ. कविता नन्दन
द्वारका, नई दिल्ली

मेरी बात

मैं काहे को कवि बन गया। मुझे कुछ नहीं पता। बचपन में मुझे मालूम नहीं था कि जीवन में कुछ करना भी है। खेलने-खाने के अलावा मैं पढ़ाई क्यों कर रहा, यह भी मुझे पता नहीं था। प्रथम गुरु मेरे माता-पिता जब मुझे भाषा और गणित सिखाते तो जीवन का हिस्सा समझकर मैंने उसे सीखा वो भी उनकी सख़्ती पर ही। पिता जी मुझे जीवन में क्या बनना चाह रहे थे मैं समझ ही नहीं पा रहा था। प्राथमिक कक्षाएँ पास करता गया। और ज़िन्दगी क्या है बिना बोझ के मैं ढोता रहा। हालांकि घर और विद्यालय में मेरी छवि एक शांत स्वभाव (बिना सवाल-बवाल खड़ा करने वाला) की रही है। लेकिन मेरी चमकती आँखें दुनिया देख रही थीं। इन मौन आँखों में पूरी कायनात झिलमिला रही थी। इस कायनात के केंद्र में मेरा दिल और इस दिल में एक खाली जगह। उस खाली जगह में किसी का इंतज़ार, और यह इंतज़ार एक ख़ास मंज़र बनाता रहा। उस मंज़र का बयान किस माध्यम में करूँ? वह माध्यम मैं आज तक ढूँढ़ रहा हूँ। अपने आपको व्यक्त करने के लिए आपके हाथ में यह जो पुस्तक है। यह एक माध्यम में एक छोटा सा प्रयास है।

यह प्रयास भी अनायास हो गया। क्योंकि पिताजी के पुर्वाग्रह से तो कुछ और होने वाला था। शायद डॉक्टर-इंजीनियर या फिर कोई प्रशासनिक अधिकारी। और मैं प्रयास कर भी रहा था लेकिन न हो सका। कुछ परिस्थितियाँ और घटनाएँ इतनी प्रभावित की कि सब त्याग कर जीवन की मूलभूत आवश्यकता रोटी की संघर्ष के लिए मशीनों के महानगर और साहिर लुधियानवी के साहित्यिक ख़ुशनुमा शहर लुधियाना में मैं जा भिड़ा। यहाँ मेरी मौसी अपने परिवार के साथ रहती हैं। उन्होंने ने मुझे अपने घर-परिवार में आश्रय दिया और एक लोहे के कारखाने में काम दिलवा दिया। 17 वर्ष के नाजुक बदन पर एक मज़दूर का बोझ और नर्म ज़ेहन पर यहाँ की साहित्यिक आबो-हवा का असर ऐसा हुआ कि बदन पसीने से और ज़ेहन ख़ुशबुओं से सराबोर हो गया। अब मेरा यौवन किसी ख़ास आँच पर पकने लगा। यह ख़ास आँच मेरी ग़ज़लों में आप महसूस कर सकते हैं।

यहाँ मुझे पंजाबी ग़ज़लगो स्वर्गीय सुभाष कलाकार, उर्दू के मशहूर आलोचक एवं ग़ज़लकार जनाब सागर सियालकोटी, 'प्रीत साहित्य सदन' के संस्थापक एवं कहानीकार मनोज प्रीत, शीरीं आवाज़ के मालिक ग़ज़ल गायक जनाब सम्यूल नसरानी उर्फ सैम मुसाफ़िर, अग्रज भाई समान स्नेहिल हृदय वाला अज़ीज़ दोस्त और मशहूर शायर जनाब वरुन आनंद एवं मित्र नवीन सिंह का मुझे बहुत प्यार मिला।

अब मैं उत्तर प्रदेश में चन्दौली के ग्रामीण इलाक़े में अपने जन्म स्थान पर अपना जीवन यापन कर रहा हूँ। साहित्य साधना में वरिष्ठ आलोचक एवं ग़ज़लकार प्रोफ़ेसर डॉ. कविता नन्दन और वरिष्ठ उर्दू शायर उस्ताद बहर बनारसी (सिद्दीक़ अहमद) जी से इस्लाह ले रहा हूँ। मेरे गाँव के लोग और रिश्तेदार मेरे सुख दुःख में मेरी मदद करते रहते हैं। मेरे गाँव के मित्रों में मनीष कुमार, चन्दन वर्मा, सूरज और सत्यम आदि से मुझे बहुत प्यार मिलता है। मेरे परिवार में मेरी बहन सुषमा, भाई जितेंद्र और संदीप मेरा बहुत ख़याल रखते हैं। हाल ही में माँ की मृत्यु के बाद मेरी दुनिया ख़ाली-ख़ाली सी लग रही है। मेरी माँ मुझसे सिर्फ़ एक बात से नाराज़ थी कि मैं उनके लिए एक बहू नहीं ला सका। इसका मुझे जीवन भर दुःख रहेगा। माँ का नाम लेने से अत्यधिक भावुकतावस मैं और कुछ नहीं कह पा रहा हूँ। अपने बारे में और बातें अगली पुस्तक में करूँगा।

दो शब्द : पुस्तक के बारे में

कंवारे सज्दे (ग़ज़ल-संग्रह) मेरी पहली पुस्तक है। किताब की शक्ल लेने में मुझे काफ़ी समय लगा। किसी ने कहा है कि कवि तीन प्रकार के होते हैं। पहला छिपने वाला, दूसरा छपने वाला और तीसरा मंचीय कवि। मैं शायद पहला वाला ही हूँ। छिपने की वजह से ही मुझे छद्म नाम रखना पड़ा। छिपने के कई कारण हैं। मैं शायर कम दीवाना अधिक हूँ। और दीवानों की हालत तो सब जानते हैं। मर्यादा में दिखने के लिए छिपना ही पड़ता है। घुटन से निजात पाने के लिए मैं अपने दर्द को कागज़ पर उकेर-उकेर कर उसे छिपाता रहा। जब मुझे लगा कि दुनिया के सामने अपने अनुभव को अभिव्यक्त करना चाहिए। तब मैं अपनी रचनाएँ सन् 2010 से पत्र-पत्रिकाओं में प्रेषित करने लगा। धनाभाव के कारण कम ही लिफाफे प्रेषित कर पाया। दो-तीन साल तक यह सिलसिला चलता रहा। लेकिन असफल रहा। सभी रचनाएँ वापस आती रहीं। 2013 में समाचार-पत्र दैनिक भास्कर के साप्ताहिक कालम 'रसरंग' में मेरे द्वारा प्रेषित की गई दुष्यंत कुमार की एक ग़ज़ल छपी। यह एक ईनामी योजना थी। मुझे ईनाम तो घोषित किया गया लेकिन मिला नहीं।

फिर सन् 2021 में मेरी पहली कविता गुफ़्तगू में छपी। इसके बाद क्रमशः ग़ज़लें भी छपने लगीं। इसके बाद सांझा संकलनों में भी मुझे स्थान मिलने लगा। तसल्ली न होने पर अपना ख़ुद का संकलन निकालने का महसूस हुआ। जो कि 'कंवारे सज्दे' किताब आपके हाथ में है। इस पुस्तक में सिर्फ़ ग़ज़लें हैं। इन ग़ज़लों में मेरी भावनाएँ, कल्पनाएँ एवं घटनाएँ स्पष्ट महसूस की जा सकती हैं। किताब के सिलसिले में अक्सर भाषा का झमेला अधिक रहता है। वही बात मेरी इस पुस्तक में भी है। मेरी भाषा हिन्दी है जो उर्दू के बेहद क़रीब है। जिसे आप 'हिन्दोस्तानी' भी कह सकते हैं। मैंने अपनी ग़ज़लों में उन शब्दों का भी प्रयोग किया है जो उर्दू का होते हुए भी हिंदी के रंग में घुल मिल गए हैं। जैसे अम्न को अमन, उम्र को उमर, क़द्र को क़दर, के रूप में प्रयोग किया गया है। यह अज्ञानतावश नहीं बल्कि जानबूझकर किया गया है। ठीक उसी तरह से जैसे सुप्रसिद्ध ग़ज़लगो दुष्यंत कुमार ने अपनी ग़ज़लों में शह्र को शहर और वज़्न को वज़न किया है।

कुंवर नाज़ुक

अनुक्रम

1

हम भटकते रहे अंजुमन-अंजुमन
ग़म छलकते रहे अंजुमन-अंजुमन

ग़म छिपाते रहे पर छिपा ना सके
ग़म लुढ़कते रहे अंजुमन-अंजुमन

दिल मनाये बहुत पर न माने कहीं
दिल धड़कते रहे अंजुमन-अंजुमन

गुलसिताँ में खिले ख़ुशबुओं में पले
हम महकते रहे अंजुमन-अंजुमन

गुलसिताँ में परिंदों सी आदत रही
हम चहकते रहे अंजुमन-अंजुमन

चाँद की चाँदनी में नहाकर 'कुँवर'
हम दमकते रहे अंजुमन-अंजुमन

2

इस तरह से लटों से न पानी झटक
बूँदों-बूँदों में यूँ ना जवानी झटक

किस क़दर हम बुने हैं कहानी हसीं
इस तरह ना हसीं ये कहानी झटक

प्यार का सिलसिला इस तरह ही चले
अपने मस्तिष्क से लन्तरानी झटक

यूँ न तेरे बिना होगा मेरा बसर
इस तरह मत मिरी ज़िंदगानी झटक

चाँद तारों से कह दो कि हम से मिलें
अब ज़मीं से हुकम आसमानी झटक

गाँव की गर बचानी है तहजीब तो
गाँव से शहर की हुक्मरानी झटक

कंवारे सजदे

3

मुहब्बत से इबादत कर रहा हूँ
इबादत से मुहब्बत कर रहा हूँ

मेरी चाहत तेरी चाहत बना दे
ख़ुदा से मैं इनायत कर रहा हूँ

मिरी ख़ुशियाँ तुझी पर सब निछावर
ख़ुशी से ये तिजारत कर रहा हूँ

तुझे मेरी न होने दी ये दुनिया
ज़माने से शिकायत कर रहा हूँ

उसे पाकर उसे देना न कुछ है
कहाँ ऐसी सियासत कर रहा हूँ

उसे पाया नहीं 'नाज़ुक' तो क्या है
उसी की बस ज़ियारत कर रहा हूँ

4

जवानी   हमारी   गुज़ारी   गई   है
फ़क़त   बोझ   भारी   उतारी   गई   है

ज़माना   वफ़ा   का   गला   घोंट   डाला
मगर   जान   इसमें   हमारी   गई   है

ज़माना   घसीटा   मुहब्बत   जहां   तक
वफ़ा   की   लहू   से   उभारी   गई   है

तुम्हीं   ने   बिगाड़ी   कहानी   हमारी
तुम्हीं   से   कहानी   सँवारी   गई   है

बिना   धार   तुमने   कटारी   चलाई
'कुँवर'   पार   दिल   के   कटारी   गई   है

   कंवारे सजदे

5

हमारा तुम्हारा इशारा गुज़ारा!
बता! साथ होगा हमारा गुज़ारा?

बड़ी बात यह है कि हमसे न होगा
मुहब्बत में झूठा दुबारा गुज़ारा!

बुरी आदतों को छुड़ाएँ तो कैसे
बुरी आदतों से हमारा गुज़ारा!

बुरी आदतों में मेरी है तू शामिल
तुझे याद कर ज़ीस्त सारा गुज़ारा

तजुर्बात 'नाज़ुक' के ये कह रहे हैं
अकेले न होगा तुम्हारा गुज़ारा

टहलने लगे हम सवेरे-सवेरे
बहलने लगे हम सवेरे-सवेरे

किरन जब कली को खिलाया निखारा
मचलने लगे हम सवेरे-सवेरे

निखरती कली है, उसे चूमने को
उछलने लगे हम सवेरे-सवेरे

फ़िज़ा में सँवरने की ख़ातिर घरों से
निकलने लगे हम सवेरे-सवेरे

  कंवारे सजदे

7

बेसबब दर-ब-दर हम भटकते रहे
सब्र कर सब्र कर ख़ुद को कहते रहे

हम सभी की यहाँ क़द्र करते रहे
और ज़ुल्मो-सितम सबका सहते रहे

जाने-मन तुम मुझे छोड़कर चल दिए
उम्र भर हम तेरी राह तकते रहे

पास जो कुछ रहा सबको बाँटे मगर
ख़त्म जब हो गया हाथ मलते रहे

पाँव 'नाज़ुक' का आगे ही बढ़ता रहा
देख बढ़ते क़दम लोग जलते रहे

8

मिलो सबसे मुहब्बत से, मुहब्बत की ज़रूरत है
ज़मीं से गर मिटी नफ़रत, मुहब्बत ही मुहब्बत है

जहाँ वालों ज़रा सुन लो ज़ुबानी यह हक़ीक़त है
धरा पर अब मुहब्बत पर अदावत से मुसीबत है

ये नफ़रत इक विनाशक है, हमें बर्बाद कर देगी
यहाँ अम्नो-अमाँ क़ायम मुहब्बत की बदौलत है

बने जो प्यार का दुश्मन, बता देना उसे भी यह
अदावत को मिटाने की जहाँ में एक उल्फ़त है

  कंवारे सजदे

9

तुझे उम्र भर हम भी चाहा करेंगे
मिलोगे न तुम तो कराहा करेंगे

ग़मे-ज़िंदगी में अगर होम होगा
तिजारत में चाहत को स्वाहा करेंगे

अगर सामने से गुज़रते हुए तुम
हमें देख लोगे तो आहा! करेंगे

मुहब्बत हमारी अगर झूठ होगी
तो झूठी मुहब्बत सराहा करेंगे

किसी उलझनों में दोराहे पे होगा
न 'नाज़ुक' तुझे भी दोराहा करेंगे

ग़ज़ल मेरी चुराकर गुनगुनाते जा रहे हो क्यों
ख़ुशी मेरी, मगर तुम मुस्कुराते जा रहे हो क्यों

मिरा गुड्डा तिरी गुड़िया छुपाते जा रहे हो क्यों
मिरे हक़ का खिलौना तुम चुराते जा रहे हो क्यों

ज़माना जानता है रहते हैं इक साथ हम दोनों
मगर सच है कि तुम पीछा छुड़ाते जा रहे हो क्यों

तिरे रंगों से चादर इश्क़ का हमने रंगा डाला
मिरे रंगों से तुम दामन बचाते जा रहे हो क्यों

न नाज़ुक तुम कभी समझे तुम्हारा हाल क्या होगा
कि 'नाज़ुक' सी समय में धन लुटाते जा रहे हो क्यों

कंवारे सजदे

11

ज़िन्दगी भर सताने की ज़िद छोड़ दे
ख़्वाब में आने जाने की ज़िद छोड़ दे

मैंने तुमसे वफ़ाएँ तो की उम्र भर
तू जफ़ाएँ निभाने की ज़िद छोड़ दे

तुम से आला हूँ अच्छा हूँ ये सोच ले
ख़ुद से नीचा दिखाने की ज़िद छोड़ दे

बेवफ़ा! बेवफ़ाई है आदत तेरी
और हमको सताने की ज़िद छोड़ दे

लाख गंगा नहाओ धुलेगा नहीं
दाग़ो-दामन छुड़ाने की ज़िद छोड़ दे

तीर जो चल चुका है कमाँ से तेरी
फिर से वापस घुमाने की ज़िद छोड़ दे

बात बीती हुई जानता हूँ तेरी
आपबीती बताने की ज़िद छोड़ दे

प्यार 'नाज़ुक' से तूने किया ही नहीं
प्यार झूठा जताने की ज़िद छोड़ दे

दग़ा ही ज़फा है, वफ़ा है मुहब्बत
यहाँ हर वफ़ा को सज़ा है मुहब्बत

भले ही सज़ा है, नशा है मुहब्बत
नशा की सज़ा में मज़ा है मुहब्बत

अगर हम मुहब्बत को रुस्वा करेंगे
तो कैसे कहेंगे, हया है मुहब्बत

भले ही तुम्हें भी मुहब्बत ज़हर है
हमारे लिए तो दवा है मुहब्बत

न 'नाज़ुक' मुहब्बत से दामन छुड़ाना
बहुत ख़ूबसूरत ख़ता है मुहब्बत

कंवारे सजदे

13

क्या हुआ है ये हमको बता दीजिए
गर कोई मर्ज़ हो तो दवा दीजिए

इश्क़ में मैं गिरफ़्तार कैसे हुआ
गर ख़ता हो मेरी तो ख़ता दीजिए

हम जवानी भरी आग में जल रहे
अपनी मुस्काँ मधुर से बुझा दीजिए

हम ग़लत राह हों या सही राह पर
आपको गर समझ हो, सुझा दीजिए

हम हैं ख़ुशबू फ़िज़ा में बिखर जाएँगे
अपने आँचल से कुछ तो हवा दीजिए

ऐ फ़िज़ा ऐ फ़िज़ा ऐ फ़िज़ा ऐ फ़िज़ा
प्यार का दे हवा, दे हवा, दे हवा

आशिक़ी का मिरा मर्ज़ जाता नहीं
ओढ़नी से तिरे झर रही है दवा

यह पता चल रहा है ज़रूरी है क्या
जी चुका हूँ ज़ियादा यतन हो सज़ा

चाँद तारे हमारे हुए या नहीं
हम रहे हैं किसी को बना हमनवा

कंवारे सजदे

दिवाना बनाकर भुला तुम न जाना
जगाकर हमें अब सुला तुम न जाना

हँसाते रहे हो हमें ज़िंदगी में
कभी ग़म न देना रुला तुम न जाना

मुहब्बत का मटका अभी चाक पर है
घड़ा है अभी नम घुला तुम न जाना

मुहब्बत की डोरी बंधी है गले में
बना इसको फंदा झुला तुम न जाना

यहाँ रह न पाऊँगा 'नाज़ुक' मैं तन्हा
ये जीवन है इक बुलबुला तुम न जाना

16

अब मुझे भी मुस्कुराना आ गया
जानलेवा ग़म छुपाना आ गया

बाल छत पर जब सुखाने आई तो
देखकर सारा ज़माना आ गया

सूर्य आया चाँद भी मद्धम हुआ
चाँद को भी सर झुकाना आ गया

अंजुमन में शोर है तो क्या हुआ
कान में ही फुसफुसाना आ गया

अब यहाँ 'नाज़ुक' धुनाएँ सर को क्यों
मुझ को भी बातें बनाना आ गया

कंवारे सजदे

17

आपका घर पे आना ग़ज़ब हो गया
चाय पीना पिलाना ग़ज़ब हो गया

हाथ में हाथ यूँ ही धरे रह गए
हाथ उनसे मिलाना ग़ज़ब हो गया

फूल दामन में आया नहीं एक भी
शाख़े-गुल को हिलाना ग़ज़ब हो गया

बिजलियाँ गिर रही हैं मिरे बाग़ पर
बाग़ में गुल खिलाना ग़ज़ब हो गया

बात भेदा कि दिल का रफ़ू फट गया
ज़ख़्म फिर से सिलाना ग़ज़ब हो गया

अब ख़ुशी ना रही ख़ुदकुशी कर लें हम
ज़ीस्त घुट घुट जिलाना ग़ज़ब हो गया

क्यों न 'नाज़ुक' नज़र आ रहा हूँ उसे
क्या मेरा झिलमिलाना ग़ज़ब हो गया

मुझे ज़िंदगी में कभी ग़म न होता
तुम्हारा सहारा अगर कम न होता

ज़माने का तुमको अगर ग़म न होता
तो दामन तुम्हारा कभी नम न होता

पहुँच ही गए होते मंज़िल पे हम भी
चराग़े-महब्बत जो मद्धम न होता

न बढ़ते तुम्हारी तरफ़ दो क़दम तो
तुम्हारा इरादा भी मुहकम न होता

न ज़ुल्फ़ों में 'नाज़ुक' गिरफ़्तार होते
गिरहगीर ज़ुल्फ़ों में गर ख़म न होता

मुहकम=दृढ़

दिलों में महब्बत अगर ख़ूब होगी
तो दुनिया की हर चीज़ महबूब होगी

ये सूखा पड़ा है जो बरसात हो तो
अभी देख लेना यहीं दूब होगी

सुहानी फ़ज़ाएँ हैं 'नाज़ुक' यहाँ की
चले आइए गर वहाँ ऊब होगी

दिन चढ़े जब गई चाँदनी खो गई
रात वो आई तो रौशनी हो गई

हम तड़पते रहे इश्क़ में रात भर
भूलकर वो हमें चैन से सो गई

दिन गुज़र तो गया मुस्कुराकर मगर
सिसकियों से भरी रात क्यों रो गई

आँख बोझिल रही नींद आई नहीं
रात कटती रही रात अब लो गई

ना नज़ाकत रही नाज़ भी ना रहा
लाज 'नाज़ुक' के सब अब तो लो खो गई

कंवारे सजदे

बिखर कर खो गया है जो उसे फिर कैसे पायेंगे
अगर मिल जाय अबकी तो उसे बेहतर संभालेंगे

किसी का होना है उसको, उसे क्योंकर मनायेंगे
उसी की ही ख़ुशी ख़ातिर ये डोली हम सजायेंगे

चला भी जाय मर्ज़ी से तो रस्ता हम न रोकेंगे
वो शायद लौट आयेगा समझकर हम पुकारेंगे

तड़पना है तड़प लेंगे हमें जितना सतायेगा
मगर उसको भी सहना होगा जितना हम सतायेंगे

न 'नाज़ुक' को ख़बर रहता हवादिस क्या हैं दुनिया में
उसी का नाम लेते हैं उसी को बस पुकारेंगे

जब से झुककर उन्हें हम नमन कर रहे
वो झुकाने का हमको यतन कर रहे

लूट कर वो हमारे गुलिस्तान को
देखो देखो हमें बे-चमन कर रहे

छीन कर वो हमारी ही तहज़ीब को
हम सभी को यहाँ बे अमन कर रहे

आग घर में लगाकर हमारे वही
क्यों हमारा ही लंका दहन कर रहे

जब से अपना उन्हें मान बैठे हैं हम
तब से ही वो हमारा दमन कर रहे

कंवारे सजदे

23

रस्मो-उल्फ़त को छुपाना चाहता हूँ
सख़्त दिल का हूँ बताना चाहता हूँ

सबको सीने से लगाना चाहता हूँ
नर्म दिल का हूँ बताना चाहता हूँ

जल्द होवे गाँव में जलसा तुम्हारे
तुमसे मिलने का बहाना चाहता हूँ

प्यार कर ले मुझसे जी भर प्यार कर ले
फिर से तेरे दिल में आना चाहता हूँ

रंजिशें जमकर हुईं सब भूल जाओ
अब मुहब्बत आज़माना चाहता हूँ

अँगुली में मेरी वो ताक़त दे मौला
सारी दुनिया को घुमाना चाहता हूँ

नफ़रतें नाज़ुक मिटे हिंदोस्ताँ से
प्यार का मैं भी ख़ज़ाना चाहता हूँ

क्या हुआ है ये हमको बता दीजिए
गर कोई मर्ज़ हो तो दवा दीजिए

इश्क़ में मैं गिरफ़्तार कैसे हुआ
गर ख़ता हो मेरी तो ख़ता दीजिए

हम जवानी भरी आग़ में जल रहे
अपनी मुस्काँ मधुर से बुझा दीजिए

हम ग़लत राह हों या सही राह पर
आपको गर समझ हो, सुझा दीजिए

हम हैं ख़ुशबू फ़िज़ा में बिखर जाएँगे
अपने आँचल से कुछ तो हवा दीजिए

कंवारे सजदे

25

दीप दीपावली का जला दीजिए
आग नफ़रत की सारी बुझा दीजिए

इश्क़ में मैं गिरफ़्तार कैसे हुआ
गर पता हो तो हमको बता दीजिए

आपका ऐब सारा दिखा देंगे हम
हाथ में मेरे इक आइना दीजिए

राह पर आपकी क़ौम आ जाएगी
क़ौम को अपनी पहले जगा दीजिए

ज़िंदगी क्या है 'नाज़ुक' जो पूछे कोई
ख़ाक मुट्ठी में लेकर उड़ा दीजिए

दिल लगाने में सारी ख़ुशी लग गई
दिल छुड़ाने में सब ज़िंदगी लग गई

तुझको पाया नहीं, तू मेरी ना हुई
हर दुआ मेरी हर बंदगी लग गयी

जिनकी आँखों में रहती थी हर दम ख़ुशी
कैसे आँखों में उनकी नमी लग गयी

मैं सभी की यहाँ से भला कर गया
आह किसकी मुझे बे-रुख़ी लग गयी

चाँद रोया है कितना सहर कह गया
फूल पर सुब्ह जो शबनमी लग गयी

क्यों न 'नाज़ुक' पिछड़ जायगा तू यहाँ
सब करम में तेरे हर कमी लग गयी

कंवारे सजदे

इस देश की ख़ातिर ही यह जिस्म जवानी है
सरहद पे निगाहें हैं खेतों में किसानी है

मंज़िल को उसे पाने से कोई न रोकेगा
ख़ुद राह बना लेगा बहता हुआ पानी है'

नफ़रत से ज़रा बचकर तुम रहना मुहब्बत में
इस लफ़्ज़ मुहब्बत का नफ़रत में न मानी है

दुनिया में निराला है महबूब मेरा सबसे
कोई भी न जोड़ी है कोई भी न सानी है

जीवन में तरसते हैं बस ख़्वाब में मिलते हैं
जो उसकी कहानी है वो मेरी कहानी है

फूल को बाँटिए ख़ार ख़ुद खाइए
इस तरह से चमन को सजा जाइए

आपका प्यार नाराज़ है आपसे,
प्यार को प्यार से प्यार में लाइए

क़द्र यूँ दूसरों की भी करते रहें
आप भी ख़ुद ब ख़ुद क़द्र यूँ पाइए

ख़्वाब में तो बहुत लोग आते रहे
ज़िंदगी में मिरे आप ही आइए

आज 'नाज़ुक' मुहब्बत में घायल हुआ
आ के मरहम कोई तो लगा जाइए

कंवारे सजदे

29

शाख़ पे सब के सब फूल खिलने लगे
आसमा से फ़रिश्ते उतरने लगे

वो ख़यालों में जब से मिरे आ गये
जुल्फ़ यूँ ही मिरे फिर सँवरने लगे

जिन्को चाहा दिलो-जान से आज तक
वो मुझे छोड़ कर दूर रहने लगे

जबसे मुझ से अलग वो हुए हैं यहाँ
मेरे हर दिन अकेले गुज़रने लगे

प्यास तो बुझ रही है सभी की मगर
एक हम बूँद भर को तरसने लगे

मीन प्यासी रही जल में रहकर भी क्यों
यह ख़बर लोग सुन कर के हँसने लगे

देखकर हाल दुनिया में दीवानों का
इश्क़ में यूँ ही 'नाज़ुक' तड़पने लगे

होके तन्हा भला तुम किधर जाइयो
आइयो संग हमारो सँवर जाइयो

ग़ैर को दास्ताँ की ख़बर हो न हो
एक दूजे के दिल में उतर जाइयो

इश्क़ का इल्म हमसे लगाओ ज़रा
बन के ख़ुशबू जहाँ में बिखर जाइयो

जिस तरफ़ ज़िंदगी ख़ूबसूरत बने
मिल के दोनों परिंदे उधर जाइयो

जिस गली में तुम्हारा सनम हो खड़ा
भूल कर सब गली बस उधर जाइयो

31

ज़ालिमों को सुनाने की धुन छेड़ दो
अब बग़ावत पे आने की धुन छेड़ दो

चाहते हो बढ़े ज़ुल्म से अपना कद
अपने सर को उठाने की धुन छेड़ दो

ज़ालिमों तुम सुनो प्यार से कह रहे
हाथ हमसे मिलाने की धुन छेड़ दो

हम तरक्क़ी करेंगे मिलाकर क़दम
चाल हमसे मिलाने की धुन छेड़ दो

देश 'नाज़ुक' तुझी से बचेगा समझ
पेश सख़्ती से आने की धुन छेड़ दो

कुंवर नाज़ुक

चल दिए आज हम अपना घर छोड़कर
भाग निकले हैं सब बेड़ियाँ तोड़कर

जिसके सर पे हमारा ही दस्तार था
चल दिए हम उसी का ही सर फोड़कर

जो मेरे मुँह पे मुझको कहेगा बुरा
ऐसे इंसाँ का रख दूँगा मुँह तोड़कर

दोस्तों को अपुन से लगे ठेस जो
माँगते हैं क्षमा हाथ हम जोड़कर

कर दे 'नाज़ुक' को आज़ाद तू वरना अब
भाग जाएगा तेरा क़फ़स तोड़कर

कंवारे सजदे

33

पिया है ज़ियादा अगर जाम तूने
चला ही नहीं है सही गाम तूने

मेरा नाम लेते ही काँपी ज़ुबाँ क्यों
लिया है ज़ुबाँ से सही नाम तूने

दुकानों से राशन तो सस्ता लिया था
दिया है सुरा का सही दाम तूने

मिरा नाम तूने हथेली पे लिखकर
किया है मुझे ख़ूब बदनाम तूने

मुहब्बत से 'नाज़ुक' गुज़ारा है जीवन
किया है बहुत ही सही काम तूने

फूल पानी पे झुक झूलता है कभी
और पानी का लब चूमता है कभी

ज़िंदगी में तो सब भूल बैठे हैं हम
प्यार पहला नहीं भूलता है कभी

दिल मेरा कह रहा है उसे छोड़ दूँ
बाँह में जा भरूँ सोचता है कभी

याद जब जब भी आये बहारों के दिन
ख़ुश हो मेरा भी मन झूमता है कभी

होंठ फिर से न अँगार से जल पड़े
होंठ 'नाज़ुक' नहीं चूमता है कभी

कंवारे सजदे

दास्ताँ तो हमें यह पुरानी लगी
पर बहुत ख़ूबसूरत कहानी लगी

जब से बेरोज़गारी बढ़ी है यहाँ
तब से बेबस हमारी जवानी लगी

देश में भुखमरी इस क़दर बढ़ गई
और सबको तरक़्क़ी रवानी लगी

औ ज़मीरें हमारे भी तो मर गये
ज़ुल्म की वादियाँ भी सुहानी लगी

एक वहशी हवस में यूँ पागल हुआ
एक बच्ची भी उसको सयानी लगी

लोग 'नाज़ुक' को अपना समझने लगे
उसमें अपनी ही सबकी कहानी लगी

किसी को मुहब्बत से देखा नहीं हूँ
तुम्हारे सिवा मैं किसी का नहीं हूँ

पहलवान हूँ पर मैं लड़ता नहीं हूँ
अभी तक किसी को भी पटका नहीं हूँ

झुका देखकर तुम न ये मुझको समझो
मैं सजदे में हूँ कोई हारा नहीं हूँ

मैं तुम से अलग भी हूँ तुम से जुदा भी
फ़क़त दूरियाँ हैं मैं भागा नहीं हूँ

ये नाज़ुक नहीं आज तक झुक सका है
भले टूट जाता हूँ झुकता नहीं हूँ

कंवारे सजदे

37

शौक़ से हम बकरियों को पाला करें
और उन्हें काटकर हम ही खाया करें

ज़ुल्म हम बेज़ुबानों पे ढाया करें
और इल्ज़ाम औरों पे डाला करें

होके घायल तड़पता हुआ गिर पड़ा
और उस पर भी चोटें करारा करें

अपनी ऊँची दीवारों के छत पे चढ़ें
और ग़ैरों के आँगन में झाँका करें

ख़ुद ही 'नाज़ुक' कमाता है खाता है क्यों
क्यों न औरों को भी थोड़ी बाँटा करें

बिन तेरे हम तो गिरते सँभलते रहे
मौत की वादियों में टहलते रहे

उनको आना नहीं था, न आए कभी
रातभर हम तो करवट बदलते रहे

चार दिन चाँदनी की तरह तुम मिले
औ दिनों की तरह तुम बदलते रहे

मेरी कमज़ोरियों पर अड़े थे बड़े
हौसलों पर मिरे तुम दहलते रहे

बिन मिरे वो भी ख़ुश रहते कैसे भला
उनकी आँखों में 'नाज़ुक' पिघलते रहे

कंवारे सजदे

39

हमसे आँखें वो चार करते हैं
काम ये बार बार करते हैं

हम तो तुम से ही प्यार करते हैं
तुम पे ही जाँ निसार करते हैं

दुश्मनी हमसे हो नहीं सकती
हम सभी से ही प्यार करते हैं

वो गुनाहें मुआफ़ करता है
हम गुनाहें हज़ार करते हैं

प्यार करना तो नक़्द सौदा है
और हम तो उधार करते हैं

इश्क़ करता है ग़ैर से वो तो
हम तो 'नाज़ुक' से प्यार करते हैं

अपने को अपने हाथों सज़ा दे रहा हूँ मैं
तस्वीर तेरी घर से हटा दे रहा हूँ मैं

दिल में जो जल रहा है तेरी याद का दिया
जलते हुए दिया को बुझा दे रहा हूँ मैं

ठुकरा दो या क़ुबूल करो, है मुझे क़ुबूल
जो भी है मेरे दिल में बता दे रहा हूँ मैं

आई है काली रात, अँधेरा घना हुआ
यादों का अब चराग़ जला दे रहा हूँ मैं

बेकार है ये काम, ये मालूम है मगर
'नाज़ुक' को अपने घर का पता दे रहा हूँ मैं

हमारी सदा सिर्फ़ तुमको पुकारे
अक़ीदत में सज्दे हमारे कुँवारे

मिरे पास आओ ज़रा साथ बैठो
गुज़ारूँ हर इक पल तुम्हारे सहारे

तुम्हारी अदा पर भला कौन जाए
ये शोख़ी नहीं है, हैं नखरे तुम्हारे

पहाड़ों पे बसना मुबारक हो तुमको
बनाऊँगा घर मैं भी नदिया किनारे

नहीं हूँ मैं 'नाज़ुक' अकेला कहीं भी
सभी के हूँ प्यारे सभी के दुलारे

42

जातियों को मिटाकर अमन लाइए
खींचकर दलदलों से वतन लाइए

ख़ार काँटें हटाकर गुलों से भरें
प्यार की ख़ुशबुओं में चमन लाइए

आसमाँ से ग़ुबारें हटा लीजिए
फिर से नीला वही अब गगन लाइए

दर्दो-ग़म हम मिटाकर रहेंगे सभी
अपने दिल में भी अब अपनापन लाइए

मज़हबों से निकल सेकुलर हम बनें
सबके दिल में रहें ऐसा मन लाइए

नफ़रतें भूलकर हम मुहब्बत करें
अब तो संगम में गंगो-जमन लाइए

 कंवारे सजदे

43

भले दास्ताँ तुम बता ना सकोगे
मगर इश्क़ सच्चा छिपा ना सकोगे

अगर आशिक़ी में न होवे तिजारत
तो आशिक़ भी सच्चा कहा ना सकोगे

ख़ुदी से मुहब्बत अगर ना करो तो
मुहब्बत किसी से जता ना सकोगे

चुराकर किसी का अगर खाओ रोटी,
यक़ीनन वो रोटी पचा ना सकोगे

अगर हारने का न सीखे हो गुन तो
अज़ीज़ों को तुम भी हरा ना सकोगे

अपनी क़िस्मत को अब हम तो मारा करें
बिन तिरे ज़िंदगी अब गुज़ारा करें

आपका ख़ूबसूरत नज़ारा करें
देखकर आपको हम पुकारा करें

बेवफ़ा हम नहीं, क्यों वफ़ा छोड़ दें
इश्क़ फिर क्यों किसी से दुबारा करें

प्यार की दो घड़ी तूने जो संग दी
याद कर क़र्ज़ तेरा उतारा करें

क्यों तमन्ना करें उनको पाने की अब
उनको पाने की गलती सुधारा करें

इश्क़ में अब तड़पना गवारा लगा
ज़ख़्म अपना दुबारा उभारा करें

आस्था मिट गया है सनम से मिरा
अब तो 'नाज़ुक' ज़ियारत तुम्हारा करें

45

तुम चले तो गए हो भले छोड़कर
अब कहाँ जाओगे तुम मुझे छोड़कर

ग़म के बादल बरसने से पहले मुझे
चल दिए बादलों से घिरे छोड़कर

बेवफ़ा तो नहीं हूँ वफ़ा छोड़ दूँ
अब कहाँ मुझको जाना तुझे छोड़कर

मेरी साँसों में बस एक ही शख़्स है
याद आता है कौन अब उसे छोड़कर

हम उठाने में तुमको हमीं गिर पड़े
भाग निकले हमें तुम गिरे छोड़कर

उसने स्वीकार ही कब किया है मुझे
उसका इन्कार भी तो रज़ा है मुझे

उसने जिस शय को भी छू दिया है समझ
उसका हर ज़र्रा भी देवता है मुझे

जब से देखा है तुझको मैं बेचैन हूँ
क्या बताऊँ तुझे क्या हुआ है मुझे

उसका छिपना छिपाना कहाँ तक रहे
उसका हर राज़ अब तो पता है मुझे

कैसे मानूँ कि उसने पुकारा नहीं
ख़्वाब में भी तो उसने रटा है मुझे

हाथ जब से रखा है मिरे दिल पे तू
मर्ज़ जाता रहा, फ़ायदा है मुझे

क्यों न 'नाज़ुक' तड़पता रहूँ इश्क़ में
ये तड़पना भी तो अब मज़ा है मुझे

कंवारे सजदे

मुहब्बत का होगा असर धीरे-धीरे
सजाते रहें सबका घर धीरे-धीरे

मुहब्बत में आँसू बरसने लगे हैं
चलें भीग हम तर-बतर धीरे-धीरे

नशेमन से उड़कर चलें डाल पर अब
निकलने लगे हैं जो पर धीरे-धीरे

नशा यह महब्बत का अब ख़त्म होगा
उतरने लगा है असर धीरे-धीरे

यकीं हो चला है नहीं वो मिलेंगे
कुँवारे गुज़ारें उमर धीरे-धीरे

न 'नाज़ुक' कभी तुम सफलता को पाये
कि झुकने लगा है ये सर धीरे-धीरे

कुंवर नाज़ुक

न दो गज़ ज़मीं ना अगन मुझको देना
मुक़द्दर में गंगो-जमन मुझको देना

नहीं माँगता हूँ अगर देना चाहो,
दुपट्टे का अपने कफ़न मुझको देना

भरी अंजुमन में ये साहस दिखाकर
मेरा नाम लेकर अमन मुझको देना

जहाँ में मैं तेरी अगर आ गया तो
मुहब्बत पे मरने का फ़न मुझको देना

अगर क़ब्र पर तुम मेरी कुछ चढ़ाओ
तो दो चुटकी ख़ाके-वतन मुझको देना

कंवारे सजदे

49

मुहब्बत तुम्हीं से किया मैंने क्योंकर
ये दिल भी तुम्हीं को दिया मैंने क्योंकर

अदाओं में तेरी घुली शोख़ियाँ थी
ज़हर ये तुम्हारा पिया मैंने क्योंकर

फटे अपने दिल पे तेरा नाम लिखकर
रफ़ू अपने दिल का किया मैंने क्योंकर

इनायत से जिनकी मेरा क़द बढ़ा है
ये एहसान उनका लिया मैंने क्योंकर

तेरे दिल में मेरी जगह ही नहीं थी
तुझे दिल में रखकर जिया मैंने क्योंकर

सिवा तेरे 'नाज़ुक' न समझा किसी को
फ़क़त तुझको अपना लिया मैंने क्योंकर

50

बिन तेरे जीना दुश्वार है
अब न मिलने का आसार है

कैसे रिश्ता निभाएँ यहाँ
अब यहाँ सिर्फ़ व्यापार है

कोई आया नहीं ख़्वाब में
जब से भूला मेरा यार है

आँख में एक मंज़र हसीं
पाँव में तो लगा ख़ार है

पार दरिया करें किस तरह
हम यहाँ नाव उस पार है

तैर कर पार करते नदी
इसका पानी भी तो ठार* है

कौन पूछेगा नाज़ुक तुम्हें
धनकुबेरों का संसार है

*ठार= ठण्डा

कंवारे सजदे

दिल की धड़कन बढ़ी जा रही है
याद उसकी चली आ रही है

वो जो लड़की जिसे चाहता हूँ
ज़िन्दगी में नहीं आ रही है

ख़्वाब में वह किसी के है बैठी
प्यार का नर्मा भी गा रही है

देखकर मैं उसे ख़ुद को खोया
उसकी नखरा ग़ज़ब ढा रही है

उसके पहलू में बैठा है 'नाज़ुक'
जैसे पेड़ों की छाया रही

उसने शादी भी की घर बसाया भी है
मेरी ख़ातिर वो ख़ुद को रुलाया भी है

तुमको दुनिया मिली अब तो जी भर जियो
मैंने जाकर उसे यह सुझाया भी है

उसने तस्वीर मेरी छुपाकर रखी
घर उसी से ही अपना सजाया भी है

चाँद की चाँदनी में टहलते हुए
अपने दामन में तारें सजाया भी है

अब तो 'नाज़ुक' उठाकर नज़र से उसे
दिल के कोने में अपने बिठाया भी है

कंवारे सजदे

53

ख़ूबसूरत   नज़ारा   निहारा   करें
देखकर   उसमें   तुझको   पुकारा   करें

अपनी   क़िस्मत   को   अब   हम   तो   मारा   करें
बिन   तिरे   ज़िंदगी   अब   गुज़ारा   करें

बेवफ़ा   हम   नहीं   क्यों   वफ़ा   छोड़   दें
इश्क़   फिर   क्यों   किसी   से   दुबारा   करें

प्यार   की   दो   घड़ी   तूने   जो   संग   दी
याद   कर-कर   तिरा   क़र्ज़   उतारा   करें

क्यों   तमन्ना   करें   उनको   पाने   की   अब
उनको   पाने   की   ग़लती   सुधारा   करें

इश्क़   में   अब   तड़पना   गँवारा   लगा
ज़ख़्म   अपना   दुबारा   उभारा   करें

आस्था   मिट   गया   है   सनम   से   मिरा
अब   तो   'नाज़ुक'   जियारत   तुम्हारा   करें

54

मुहब्बत गुज़ारें सनम धीरे-धीरे
बढ़ाया है हमने क़दम धीरे-धीरे

ज़माने से लड़ने की ताक़त नहीं है
मिटाते रहेंगे भरम धीरे-धीरे

बढ़ाने की विश्वास इक दूसरे को
खिलाते चलें हम क़सम धीरे-धीरे

बहाने बने दूसरे अब जनम की
बिताने लगे यह जनम धीरे-धीरे

वफ़ा बेवफ़ा का वो सौदा किये थे
हमीं को लगी क्यों शरम धीरे-धीरे

ख़ुदी रूह अपनी ही नापाक करके
लगे जाने दैरो-हरम धीरे-धीरे

⁂

  कंवारे सजदे

55

दुनिया की यह कैसी रीत
जब भी हारा सच्चा मीत

उसे जीतकर ख़ुद हारा
कब होगी अब अपनी जीत

कम्बल में दुबके हैं हम
बाहर तो लगता है शीत

राह देखते हैं तेरी
आओ रात न जाए बीत

मिल जाता है रोज़ वो क्यों
'नाज़ुक' जिससे है भयभीत

मैंने माना कि मुझसे दूर हो तुम
मेरी नज़रों में कोहे-नूर हो तुम

पास मेरे न आ सके अब तक
जाने क्यों आज दूर दूर हो तुम

हुस्न तेरा है देखने लायक़
ख़ूबसूरत बहुत ज़रूर हो तुम

सारा इल्ज़ाम डाल दो मु झपर
मैं गुनहगार, बेक़सूर हो तुम

चैन दिल का, सुकून हो दिल का
चश्मे-'नाज़ुक' का एक नूर हो तुम

❊

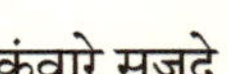

57

मुझसे मत पूछ कहानी मेरी
हो गई ग़र्क़ जवानी मेरी

खेल में खोया लड़कपन अपना
आ गई मुझ पे जवानी मेरी

पेश करता हूँ प्यार का तोहफ़ा
दिल में रखना ये निशानी मेरी

हाथ पीले नहीं हुए अब तक
हो गई बेटी सयानी मेरी

छोड़कर वो चली गई मैके
एक भी बात न मानी मेरी

सुन के 'नाज़ुक भी उड़ाएगा मज़ाक़
मत कहो उससे कहानी मेरी

58

ज़िंदगी में उसे हमने पाया नहीं
फल हमारे था हिस्से का, खाया नहीं

इश्क़ करता है मुझसे तो है दूर क्यों
मुझसे नज़रें मिलाकर भी आया नहीं

इक शजर बनके आगे है मेरे खड़ा
छत्तछाया में हूँ फिर भी छाया नहीं

सामने हो मेरे शक्ल में हूर की
यह हक़ीक़त हो तुम कोई माया नहीं

ज़िन्दगी में कई लोग आए गए
तेरे बिन मुझको कोई भी भाया नहीं

कंवारे सजदे

59

भरी दुनिया में जाने क्यों मुझे इक शख़्स भाता है
ज़रूरत है मुझे जिसकी वही क्यों दूर जाता है।

बुलाता हूँ मनाता हूँ उसे दिल की सुनाता हूँ
मेरे वो गिर्द आकर के भी वापस लौट जाता है

उसे मैं भूलना चाहा कभी ना भूल पाया हूँ
मेरी यादों में आकर के मुझे हरदम सताता है

कभी देखा नहीं हूँ मैं उसे रोते हुए भी क्यों
मेरी आँखों में आकर के मुझे हरदम रुलाता है

कभी ख़्वाबों में वो आकर, ख़यालों में कभी आकर
मेरी बाँहों के घेरे में कभी ख़ुद को झुलाता है

हाय नाकामी मुहब्बत हमको मारी किस क़दर
एक बोसे को तरसते रह गये हम उम्र भर

ख़्वाब में आकर न जाने तुम गई हो फिर कहाँ
तुम को पाने के लिए मैं फिर रहा हूँ दर-ब-दर

मेरी दुनिया छोड़कर जब से गयी हो मेरी माँ
मैं अकेला हो गया हूँ हो गया है सूना घर

लड़खड़ाते आप ही क़दमों के नीचे आ गया
हमसफ़र कोई नहीं है है अभी लम्बा सफ़र

हाय 'नाज़ुक' की तमन्ना गर न पूरी होयगी
गर तड़पता रह गया तो क्यों न जायेगा ये मर

 कंवारे सजदे

मेरे पसंदीदा शेर

हाय नाकामी-ए-उल्फ़त हमको मारी किस क़दर
एक बोसे को तरसते रह गए हम उम्र भर
* * *

मेरी दुनिया छोड़कर जब से गयी हो मेरी माँ
मैं अकेला हो गया हूँ, हो गया है सूना घर
* * *

तुझे मेरी न होने दी ये दुनिया
ज़माने से शिकायत कर रहा हूँ
* * *

मेरी चाहत तेरी चाहत बना दे
ख़ुदा से मैं इनायत कर रहा हूँ
* * *

बने जो प्यार का दुश्मन, बता देना उसे भी ये
अदावत को मिटाने की जहाँ में एक उल्फ़त है
* * *

गाँव की गर बचानी है तहज़ीब तो
गाँव से शहर की हुक्मरानी झटक
* * *

तिरे रंगों से चादर इश्क़ का हमने रंगा डाला
मिरे रंगों से तुम दामन बचाते जा रहे हो क्यों
* * *

लाख गंगा नहाओ धुलेगा नहीं
दाग़ो-दामन छुड़ाने की ज़िद छोड़ दे
* * *

प्यार 'नाज़ुक' से तूने किया ही नहीं
प्यार झूठा जताने की ज़िद छोड़ दे
* * *

न नाज़ुक मुहब्बत से दामन छुड़ाना
बहुत ख़ूबसूरत ख़ता है मुहब्बत
* * *

दिलों में महब्बत अगर ख़ूब होगी
तो दुनिया की हर चीज़ महबूब होगी
* * *

जीवन में तरसते हैं बस ख़्वाब में मिलते हैं
जो उसकी कहानी है वो मेरी कहानी है
* * *

जल्द होवे गाँव में जलसा तुम्हारे
तुमसे मिलने का बहाना चाहता हूँ
* * *

मुहब्बत का मटका अभी चाक पर है
घड़ा है अभी नम घुला तुम न जाना
* * *

कंवारे सजदे

आपका प्यार नाराज़ है आपसे
प्यार को प्यार से प्यार में लाइए
* * *

चला भी जाय मर्ज़ी से तो रस्ता हम न रोकेंगे
वो शायद लौट आयेगा समझकर हम पुकारेंगे
* * *

इश्क़ का इल्म हमसे लगाओ ज़रा
बन के ख़ुशबू जहाँ में बिखर जाइयो
* * *

अब मुझे भी मुस्कुराना आ गया
जानलेवा ग़म छुपाना आ गया
* * *

ज़िंदगी क्या है 'नाज़ुक' जो पूछे कोई
ख़ाक मुट्ठी में लेकर उड़ा दीजिए
* * *

ख़ाब में तो बहुत लोग आते रहे
ज़िंदगी में मेरी आप ही आइए
* * *

चाहते हो बढ़े ज़ुल्म से अपनाक़द
अपने सर को उठाने की धुन छेड़ दो
* * *

मिरा नाम तूने हथेली पे लिखकर
किया है मुझे ख़ूब बदनाम तूने

* * *

ज़िंदगी में तो सब भूल बैठे हैं हम
प्यार पहला नहीं भूलता है कभी

* * *

होंठ फिर से न अँगार से जल पड़े
होंठ 'नाज़ुक' नहीं चूमता है कभी

* * *

जब से बेरोज़गारी बढ़ी है यहाँ
तब से बेबस हमारी जवानी लगी

* * *

एक वहशी हवस में यूँ पागल हुआ
एक बच्ची भी उसको सयानी लगी

* * *

मेरी कमज़ोरियों पर अड़े थे बड़े
हौसलों पर मिरे तुम दहलते रहे

* * *

बिन मिरे वो भी ख़ुश रहते कैसे भला
उनकी आँखों में 'नाज़ुक' पिघलते रहे

* * *

कंवारे सजदे

दुश्मनी हमसे हो नहीं सकती
हम सभी से ही प्यार करते हैं

* * *

ठुकरा दो या क़ुबूल करो, है मुझे क़ुबूल
जो भी है मेरे दिल में बता दे रहा हूँ मैं

* * *

हमारी सदा सिर्फ़ तुमको पुकारे
अक़ीदत में सिजदे हमारे कुँवारे

* * *

भले दास्ताँ तुम बता ना सकोगे
मगर इश्क़ सच्चा छिपा ना सकोगे

* * *

ख़ुदी से मुहब्बत अगर ना करो तो
मुहब्बत किसी से जता ना सकोगे

* * *

अगर हारने का न सीखे हो गुन तो
अज़ीज़ों को तुम भी हरा ना सकोगे

* * *

हम उठाने में तुमको हमीं गिर पड़े
भाग निकले हमें तुम गिरे छोड़कर

* * *

उसका छिपना छिपाना कहाँ तक रहे
उसका हर राज़ अब तो पता है मुझे

* * *

यक़ीं हो चला है नहीं वो मिलेंगे
कुँवारे   गुज़ारें   उमर   धीरे-धीरे

* * *

नहीं माँगता हूँ अगर देना चाहो,
दुपट्टे का अपने कफ़न मुझको देना

* * *

फटे अपने दिल पे तेरा नाम रखकर
रफ़ू अपने दिल का किया मैंने क्योंकर

* * *

तेरे दिल में मेरी जगह ही नहीं थी
तुझे दिल में रखकर जिया मैंने क्योंकर

* * *

कोई आया नहीं ख़्वाब में
जब से भूला मेरा यार है

* * *

उसने शादी भी की घर बसाया भी है
मेरी ख़ातिर वो ख़ुद को रुलाया भी है

* * *

कंवारे सजदे

बेवफ़ा हम नहीं क्यों वफ़ा छोड़ दें
इश्क़ फिर क्यों किसी से दुबारा करें

* * *

उसे जीतकर ख़ुद हारा
कब होगी अब अपनी जीत

* * *

दिलगाने में सारी ख़ुशी लग गई
दिल छुड़ाने में सब ज़िंदगी लग गई

* * *

www.ingramcontent.com/pod-product-compliance
Lightning Source LLC
LaVergne TN
LVHW041738190726
843493LV00008B/2410